一看就懂的
中華文化常識

服飾篇

李天飛　著

商務印書館

人物介紹

韓言言

身份：6歲，一年級學生。

特點：有好奇心，喜歡冒險，喜歡提出各種稀奇古怪的問題。喜歡睡懶覺。經常毛手毛腳的，惹出很多麻煩。

韓詩詩

身份：9歲，三年級學生，韓言言的姐姐。

特點：學習成績優秀，精通書畫、輪滑等才藝。細心，有愛心，喜歡養小動物。喜歡教訓韓言言。

韓文文

身份：12 歲，六年級學生，韓言言和韓詩詩的哥哥。

特點：嗓門大，身體棒，力大無比，精通拳擊、武術、足球。學習成績一般，作文很差，放學後經常被老師留下。

孟小元

身份：來自異界的神祕男孩，誰也不知道他的家世。

特點：博覽羣書，智慧超羣，號稱「異界第一神童」。喜歡在異界到處遊歷。擁有一件神奇法寶「時空之鏡」，上嵌十二生肖。轉動它，可以使時間迅速前進或倒退；坐在上面，可以飛越萬里，在異界和現實世界之間任意穿梭；光滑的鏡面可以顯示各種圖像，也可以收納萬物。

前言

我叫韓詩詩。

我叫韓言言,我們還有一個哥哥叫韓文文。

韓詩詩成績很好,韓言言經常會問一些奇怪的問題。

古代的小孩上學要考試嗎?

古人穿皮鞋嗎?

古人吃烤羊肉串嗎?

韓詩詩經常被問得答不上來。

突然有一天,一個男孩出現在兩人面前。

我叫孟小元,來自異界。這是我的法寶「時空之鏡」,可以任意穿梭時空。

異界都有
甚麼呀？

異界是保存人類記憶的
世界。異界會重演所有
被人類記錄下來的歷史。

太好了，我的第一個
問題是：古人都穿
甚麼衣服啊？

和我一起去異
界尋找答案吧。

好啊！

好啊！

他這些天去參加甚麼
訓練營了，我們回來
再和他解釋吧。

我們不等哥哥了嗎？

三人登上時空之鏡，
向異界飛去。

目錄

前言   iv

韓記裁縫舖

原始社會的裁縫舖   2
- 最簡單的衣服   3
- 男生也要穿裙子   4
- 針和線   5
- 學織布   6

找材料   8
- 葛   9
- 麻   10
- 蠶絲   11

御用裁縫   13
- 王冠專修店   14
- 「冠」和「巾」   16
- 袞服   17
- 佩玉   19

漢代的一家人

給全家人做衣服   24
- 深衣   25
- 帽子插上了野雞毛   26

給妹妹打扮起來   27
- 簪、釵、步搖   28
- 阿柔是少女啦   29

父母親的冬衣   31
- 翻毛皮大衣   32
- 鞋子和靴子   33
- 沒人買褲子嗎？   34

從南朝到北朝

打開文人市場   38
- 寬大的衣服   39
- 頭巾   40
- 木頭登山鞋   41
- 文人四件套   42

深夜的「無頭」少女   44
- 借頭   45
- 蛇美髮師   46

北朝開了分店   48
- 短上衣與喇叭褲   49
- 衣襟向右還是向左？   50
- 衣冠和爭論   51

唐宋的繁華

跨越元明清

盛世氣象 56
- 圓領衫和短衫 57
- 用顏色分等級 58
- 一塊包頭布 60
- 腰裏的工具箱 61

貴妃出城 63
- 荷葉羅裙 64
- 豐滿的美 65
- 美妝美髮 67
- 穿在身上的小帳篷 70

一個書生的奮鬥史 72
- 受欺負的「白丁」 73
- 青箬笠，綠蓑衣 74
- 褐衣 ≠ 褐色的衣服 75

宋代服裝 77
- 帶翅膀的帽子 78
- 宋代時尚達人 79
- 紅巾翠袖 80

短暫的元朝 84
- 男人的百褶裙 85
- 棉衣 86
- 是姑姑的帽子嗎？ 87

明 89
- 補子 90
- 四方平定，六合一統 92
- 一僧一道 93

清 95
- 留髮不留頭 96
- 清朝官員的打扮 97
- 大拉翅 98

遊戲 102

韓記裁縫舖

原始社會的裁縫舖

我們現在已經到了原始社會，我們可以開一個裁縫舖。這時候縫衣服不需要甚麼技術的，你們肯定也辦得到。

最簡單的衣服

我爸爸打了一張獸皮，請給我做一件衣服吧。

啊……我們現在甚麼工具都沒有啊。

那就給她做一件貫頭衣吧。

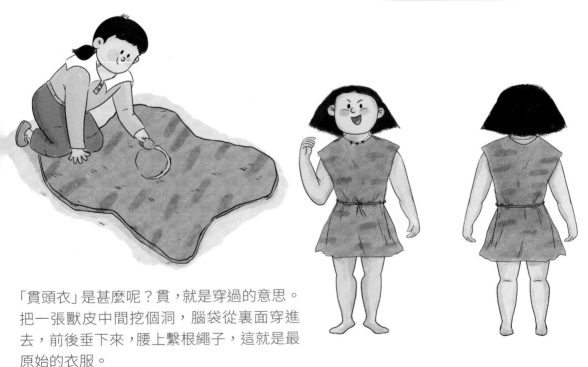

「貫頭衣」是甚麼呢？貫，就是穿過的意思。把一張獸皮中間挖個洞，腦袋從裏面穿進去，前後垂下來，腰上繫根繩子，這就是最原始的衣服。

古代的衣服不分男女，往往都是上半身穿上衣，下半身穿裙子。「衣」這個字，在古代專門指上衣。裙子又叫「裳（cháng）」。所以「衣裳」合起來就是衣服的意思。上衣下裳，是中國古代衣服的基本款式。

要做衣服，就拿整張皮子來。

我沒有整張的，只有這樣小塊的。

可以先做一條芾（fú）。

芾又叫「蔽膝」，其實就像一條圍裙，搭在下身前面，之後再裁一條芾，圍在後面。看起來有點類似現在的裙子。

4

這兩片裙子是散的，我走路不方便啊。

針和線

那就需要把前後兩張皮子縫在一起了。

原始時期，人們也會使用針線。那時的針大多為骨針，做法很簡單。找一根細骨頭，一頭磨尖，另一頭鑽一個孔。

讓我們來動手做針和線吧！

線則是用羊毛紡出來的。首先用石頭磨一個帶圓孔的小輪子，這就是紡輪。然後在孔裏插一根細棍，這就是紡線用的最重要的工具：紡錘。最後，找來一團羊毛，從中理出一個頭，勾在細棍頭上。捻動紡錘，讓它像陀螺一樣轉起來。紡錘就會帶着羊毛繞在桿上。一邊讓紡錘轉，帶動着羊毛擰成一股，一邊一點一點地續羊毛，一團毛線就慢慢紡出來了。

學織布

店裏沒有獸皮，只剩下羊毛線了，讓我們用線織布做衣服吧！

首先，釘兩面架子，交錯着掛上豎線。然後削一塊長長的、兩頭尖的木頭，好像一條小船，讓它帶着線，在豎線之間來來回回地穿橫線。一面穿，一面把穿好的線壓緊。

這塊兩頭尖的木頭，可以帶着橫線穿過豎線之間的空隙。這塊木頭就叫「梭子」。

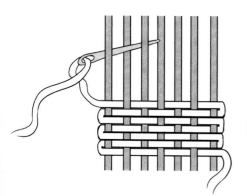

其中，綳好的豎線叫「經線」，後穿進去的橫線叫「緯線」。現在地球儀上，還管南北向的線叫「經線」，東西向的線叫「緯線」。排好經線，是織布最重要的工作，所以「經」也是紡織的意思。經是一塊布上最基礎、最重要的線，所以後代基礎的、重要的書也叫「經」。比如四書五經、《道德經》、經典名著等。

穿針引線

用針線穿來穿去。指從中撮合、促成事情。比如介紹男女青年互相認識、結婚；介紹兩個商家認識，做成一筆買賣等。

光陰似箭，日月如梭

形容時間過得很快。箭射出去就不回頭，時間（光陰）也是一去不回頭。梭子來來回回在經線上穿行，太陽和月亮也像梭子一樣，每天在空中東西穿行。

著名故事

紀昌學射

飛衞是古代的神箭手，他的徒弟紀昌向他學習射箭。飛衞說：「你要先學會看東西不眨眼睛，然後才能學射箭。」紀昌就回到家，躺在妻子的織布機下，眼睛盯着梭子。梭子來來去去地飛快移動，紀昌也目不轉睛地盯着它。兩年後，終於練成了。哪怕用錐子扎紀昌的眼皮，他也不會眨一下。後來，紀昌跟着飛衞練會了射箭基本功，成了有名的神箭手。

博物館

辛店文化遺址陶器上的人形穿衣圖像

半坡遺址出土的陶紡輪　　河姆渡遺址出土的骨針

夏天和冬天當然要穿不一樣的衣服。冬天的衣服是用皮毛做的，叫「裘（qiú）」；夏天的衣服，要用葛來做，這就叫「冬日皮裘，夏日葛衣」。

葛

葛藤

葛藤放在沸水裏煮後，它的皮就會變軟，並且能分離出一縷縷潔白的纖維，把這些纖維收集起來晾乾，之後便可以紡成一根根的細線，然後織成布，就叫葛布。葛布穿在身上，又涼爽，又吸汗，所以古人在夏天最喜歡穿它。

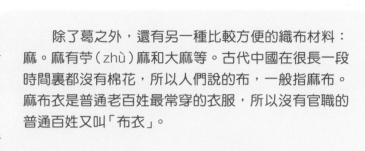

除了葛之外，還有另一種比較方便的織布材料：麻。麻有苎（zhù）麻和大麻等。古代中國在很長一段時間裏都沒有棉花，所以人們說的布，一般指麻布。麻布衣是普通老百姓最常穿的衣服，所以沒有官職的普通百姓又叫「布衣」。

麻稈又細又直，稈上的麻皮是織布的好材料。首先要從麻稈上剝下麻皮，然後撕成一縷縷的，放在水裏泡軟。沒加工過的麻纖維都是亂的，所以說一個人心情煩亂，就叫「心亂如麻」。把泡好的麻纖維捻成線，便是麻線，再織成布就可以做衣服了。

今天把用蠶絲織的布叫「綢子」，但這是比較晚的叫法。在古代，絲織品通稱為「帛（bó）」。用白色的生絲織出來的，叫「素」。所以今天說一個人純潔乾淨，就說他「樸素」。有彩色花紋的絲織品，叫「錦」或「錦繡」。

我明天要去參加一百個部落酋長的聯盟大會。為了做件好看的衣裳，我女兒說，她有好東西送給你們。

哦，原來是蠶繭啊！

11

化干戈為玉帛

字面意思是把盾牌和戈變成美玉和絲織品。比喻變戰爭為和平，變爭鬥為友好。「干」是盾牌，「戈」是古代的一種兵器，都是打仗使用的。所以干戈就表示戰爭。玉和帛，都是古代諸侯會面時拿的禮物，所以「玉帛」表示友好相見。

錦繡前程

未來的工作、生活十分美好。「錦繡」本來指有花紋的絲織品，也指其他美好燦爛的事物。又比如「錦繡山河」，指美麗的祖國大地。

麻稈打狼——兩頭害怕

這是一句民間歇後語，意思是說雙方各有弱點，都害怕對手。麻稈很不結實，用麻稈打狼，自己知道不管用。但狼看到麻稈，以為是真的棍子，也怕捱打。

蓬生麻中，不扶自直 白沙在涅，與之俱黑

麻稈是非常挺直的，而蓬草是彎彎曲曲、亂糟糟的，但是蓬草長在麻叢裏，被周圍的麻稈夾住，不用扶也能長得很直；白色的沙子，如果落在爛泥裏，也會被染黑。比喻好的環境能夠造就人，壞的環境也能影響人。

黃帝和嫘祖

黃帝是神話傳說中的上古帝王，中華民族的祖先。他的夫人叫嫘（léi）祖。嫘祖發明了養蠶、織布的技術，並教給部落裏的人民。黃帝發明了衣裳，上衣青黑色，象徵天空，下裳黃色，象徵大地。這雖然是神話傳說，但說明中國「上衣下裳」的服裝形制來源非常古老。

冕是古代天子、諸侯戴的豪華禮帽。根據不同的地位，冕上旒（liú）的數量也有不同，天子有十二旒。諸侯、王公以下按等級，有九旒、七旒、五旒的區別。據說帝王掛旒，寓意就是把眼睛擋住，不要被眼前的表象迷惑。另外，這簾子能擋住一部分臉，大臣們看帝王就覺得神祕、威嚴。所以「冕旒」合在一起是一個詞，代指帝王。

王冠專修店

辦記裁縫鋪

你們是裁縫嗎？我們周天子今天出巡，不小心把冕（miǎn）摔壞了，你們能修修嗎？

冕頂上這塊長板，叫「綖（yán）」，時間長了會鬆動掉下來，所以要把綖縫在下面的「帽子」上。冕前後垂下來的裝飾品就是旒，是用玉或珠子做的，好像兩掛小簾子。

除了邊疆民族，中國古人無論男女，一般是不剪頭髮的。因為他們認為「身體髮膚，受之父母」，也就是說頭髮是父母給的，是身體的一部分，不能隨便剪掉。所以成年人的頭髮會留很長，然後梳起來盤成一團，叫髮髻。

冠是扣在髮髻上的，然後用一根尖尖的小棍插進去別住，這小棍叫簪（zān）子。有的簪子兩頭還有帶子，繫在下巴上，就更掉不下來了。這帶子叫「纓（yīng）」。

也有的人會把頭髮梳起來盤好後不用冠，而是用一塊布把髮髻包住繫好。這塊布就叫「巾」。

這麼重的帽子，戴在頭上不會掉下來嗎？

不會的，因為它是固定在髮髻上的。就像我現在頭上梳的這樣。

16

　　衮服，是帝王穿的禮服，分上衣和下裳。上面要繡十二種花紋，叫「十二章紋」。不同的花紋，有不同的含義。

　　因為帝王的一舉一動，都象徵着國家和王權，所以他的衣服也不是隨便製作的，連花紋都有各種意義。在整個中國古代，衣服和身份一直是連在一起的，所以「穿對」比「穿好看」更重要。

韓裁縫在嗎？我們天子傳旨，兩位立有大功，封為宮廷大裁縫。另有任務交給二位，我們天子要主持祭天典禮，你們要趕製一件衮（gǔn）服。

17

龍，象徵千變萬化的神靈。

日、月、星辰，象徵光明。

山，象徵穩重和受人敬仰。

華蟲，就是野雞，羽毛漂亮，象徵有文采。

宗彝（yí），是一種宗廟祭器，上面畫有虎、蜼（wěi，一種長尾的猿猴）兩種野獸。據説老虎象徵着威猛；蜼很聰明，象徵智慧。

藻，是有花紋的水草，象徵潔淨。

火，象徵明亮、溫暖、向上。

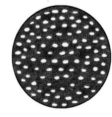

粉米，就是白米，潔白而能養人。

黻（fú）是兩個相背的折線形，象徵背惡向善。

黼（fǔ）是一種斧形圖案，象徵能明斷。

衮服和十二章紋

在古人看來，玉可是好東西。玉溫潤而有光芒，就像君子品德高尚；玉敲起來聲音清脆悠揚，就像哲人的智慧可以到達遠方；玉質地堅剛，象徵着勇敢頑強；玉乾淨透亮，象徵着人品純良；玉的紋理有無窮的形狀，象徵知識淵博、不可限量……所以古人認為玉的德行很多，有五德、九德，甚至十一德。所以有地位的人都要佩玉，有一句話叫「君子無故，玉不去身」。

佩玉

我們天子說了，衰服做得很合身。現在還需要一串佩玉，這些是做佩玉的石頭，請你們組裝一下。

玉佩之所以要用很多玉石串聯起來，是因為這樣一來，人走起來的時候，這串佩玉就會發出叮叮噹噹的響聲。人走路的節奏必須和佩玉聲音配合上，才能好聽，否則會特別亂。所以佩玉是用來節制人的步伐的。地位越高的人，走路越慢，身上掛的佩玉就越長；地位低的人，走路快，身上掛的佩玉就短。所以佩玉又叫「鳴佩」。不同的人，身上掛的佩玉的組合方式還不一樣。

和氏璧

　　戰國時，楚國人卞和得到了一塊石頭，他斷定裏面一定藏着美玉，就把石頭獻給了楚厲王。但玉工認為這只是普通的石頭。厲王很生氣，說卞和騙他，砍掉了卞和的左腳。後來楚武王即位，卞和又去獻寶，武王也認為這是普通的石頭，又砍掉了他的右腳。楚文王即位，卞和抱着玉石在荊山下大哭了三天三夜，文王派人去問他原因，卞和說：「我傷心的不是我受了刑，而是明明是寶玉，卻被當成石頭。明明是忠臣，卻被當成壞人。」文王就叫玉工剖開這塊石頭，發現裏面果然藏着美玉。玉工就把它雕成一塊玉璧。為了紀念卞和，這塊璧就叫「和氏璧」。

冠冕堂皇

　　堂皇，指高大的殿堂。這個成語的字面意思是戴着冠和冕，在豪華高大的殿堂上。這個成語本來的意思是莊嚴正大。但是經常用來指表面上莊嚴正大，其實根本不是這樣。比如「你的理由很冠冕堂皇，但其實是為了你的私心」。

上海博物館藏西周雲紋玦

范增

　　秦末的項羽和劉邦，各率領一支反秦的強大勢力。而范增是項羽的重要謀士。有一次，項羽請劉邦吃飯，范增知道劉邦有野心，就在宴席上幾次舉起身邊的「玦」，暗示項羽下決心殺了劉邦。玦是一種帶缺口的佩玉，像一個 C 形。「玦」和「決」同音，象徵決斷。向人展示自己的玦，就是暗示他要下決心，做決斷。但項羽不聽，還是把劉邦放走了。最終劉邦發展起自己的勢力，打敗了項羽，建立了漢朝。

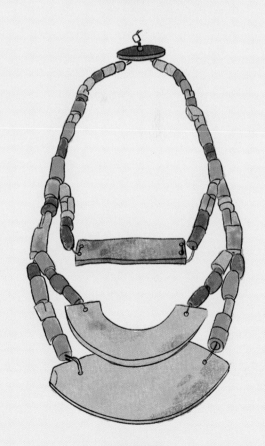

西周玉組佩

21

漢代的一家人

給全家人
做衣服

曲裾

直裾

上衣和下裳縫在一起，就叫深衣。深衣的衣襟是用許多張布接起來的，很長，能把身子嚴嚴實實地裹起來。有的裹一圈不夠，就再裹一圈，外面繫上腰帶。深衣分兩種，一種叫「直裾（jū）」，一種叫「曲裾」。「裾」就是衣襟的意思。曲裾的衣襟會彎曲着繞在身上，直裾的衣襟邊緣是直角的。無論直裾還是曲裾，男女都可以穿。

我叫阿剛。我剛當上了王府的軍官，得了第一筆賞錢。我要用這錢給父親、母親、妹妹阿柔、弟弟阿正做幾件新衣服。

那就給他們做幾件深衣吧。

25

鶡是一種野雞，特別好鬥。武士就把
這種雞的羽毛插在冠上，表示勇敢。

帽子插上了
野雞毛

我今年20歲了，學會了
一身武藝。王爺很器重
我，叫我在下個月的新年
慶典上做貼身護衛。所以
我想做一項新帽子。

既然你是軍官，
那就做一項鶡
（hé）冠吧。

單股的首飾叫「簪」，又叫「笄（jī）」，分叉的叫「釵（chāi）」。釵和簪，本來都是固定頭髮用的。有錢人用貴重的材料做出好看的形狀，就成了首飾。有用金、銀、玉石做的金釵、銀釵、金簪、銀簪、玉簪等。

簪　　　　釵

普通百姓會使用一些平價的首飾，例如荊條做的荊簪，竹子做的竹簪。

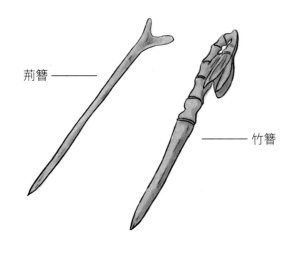

荊簪 ——

—— 竹簪

除了簪釵之外，還有一種首飾叫「步搖」。步搖就是一根簪，簪頭上綴着下垂的珠玉，一走路，珠玉就隨着步子搖晃，所以叫步搖。

28

古代的小孩子和成年人的髮型是不同的。兒童時期，不管男女，都會把頭髮向上梳起來，一邊一個，好像兩隻角。所以童年叫「總角」。「總」是聚起、束起的意思。另外，兒童總有很多頭髮向下垂着，叫「垂髫（tiáo）」。所以童年也可以叫「垂髫」或「髫齡」。

我已經 15 歲了，很快就要出嫁了，不能再梳這種小孩子的髮型了。

阿柔姐姐，我給你梳梳頭，好戴首飾。你想梳一個甚麼樣的髮型呢？

女孩到了 15 歲，就可以把頭髮插上簪子，表示可以出嫁了，簪子又叫笄，所以女孩 15 歲叫「及笄」。男孩到了 15 歲，一般要把頭髮梳到頭頂，束成一個髮髻，所以男孩 15 歲叫「束髮」。

男孩到了 20 歲舉行「冠禮」，表示已經是成年人了，才可以在髮髻上戴冠，所以男孩 20 歲叫「及冠」。雖然 20 歲是成年人了，但畢竟年紀還小，所以 20 歲又叫「弱冠之年」。

成語典故

黃髮垂髫

指老人和孩子。人上了年紀，頭髮會變黃。陶淵明《桃花源記》中說：「黃髮垂髫，並怡然自樂。」意思是說在桃花源裏，無論老人還是孩子，都很幸福快樂。

荊釵布裙

用荊的枝條做釵，用粗布做裙子。形容女子服飾儉樸。

著名故事

遺簪

一天孔子出遊時，聽到路邊有一個農家婦人在傷心地哭，就派弟子去問她：「請問這位夫人，您哭甚麼呢？」婦人說：「我剛才在這兒割草，把我一根草棍做的簪子弄丟了。」孔子的弟子勸她說：「丟了就丟了，也不值甚麼錢，何必這樣傷心呢？」婦人說：「我不是心疼這根簪子，而是這根簪子在我身邊時間很長了，我不能忘記這份舊情。」後用「遺簪」比喻舊物或故情。

歷史常識

丫鬟

古代的年輕侍女往往梳兩個空心的鬟，一左一右，好像一個「丫」字，所以侍女也叫「丫鬟」，後來也寫成「丫環」。

博物館

滿城漢墓出土的西漢鏤空雲鳳紋白玉笄

甘肅武威出土的金步搖

31

毳（cuì）衣就是帶毛的皮大衣。古代的皮毛衣服，都是喜歡把有毛的一面向外。後來人們又在毛外面罩一層外衣，這件外衣叫「表」。相對的，內層衣服就叫「裏」，所以「表」「裏」這兩個字，原來都是指衣服的。

裏外是不是反了？

我想給父母買兩件毳衣。

履，就是古代的鞋子。古代管鞋叫「履」或「屨（jù）」。有用麻或葛編的鞋，叫麻履、葛履，這種比較涼快，是夏天穿的。有用皮革做的鞋，叫皮履或革履。「皮」是帶毛的動物皮，「革」是加工過的去了毛的動物皮。

方口齊頭履

方口翹頭履

方口翹尖履

對了，我還要給父母親定製兩雙過冬的鞋子。

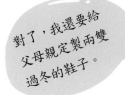

靴子在古代叫絡鞮（luò dī）。普通的履，鞋幫都太矮了，如果走到草裏，會被扎得很不舒服，草上的露水還會把褲子浸濕。靴子有很高的靴筒，就能避免這一點。

33

咦，他們買了各種衣服，就是沒買褲子。

好了，我們都買齊了，再見。

漢代之前，古人不大穿褲子，只有「絝」和「褌」。隨着幾百年的慢慢改進，絝和褌逐漸融合，模樣才漸漸像今天的褲子了。這兩個字就不再用，而是寫成「褲」。

沒人買褲子嗎？

穿三角犢鼻褌的農夫（山東沂南漢畫像石）

一開始，人們只是在腰和大腿根裏纏一塊布料，叫「褌 (kūn)」。窮苦百姓為了幹活方便，會穿一種短小的褌，兩邊開口，形狀像一隻小牛犢的鼻子，所以叫「犢鼻褌」。

還有一種是用布條纏在腿上，後來出現了只有兩隻褲管、沒有褲腰和褲襠的「絝 (kù)」，套在小腿上，小腿又叫「脛 (jìng)」。所以，這種褲子也叫「脛衣」。

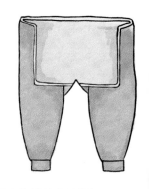

江陵馬山一號楚墓出土的綿袴復原圖
（左為前視圖，右為後視圖）

趙武靈王

　　趙武靈王是戰國時趙國的君主。他即位的時候，趙國國力不強，經常被鄰國攻打。而且趙國和匈奴、樓煩等民族相鄰。這些民族統稱「胡人」，他們過着遊牧生活，經常侵犯趙國邊境。

　　趙武靈王認為胡人的服飾有一些特別的長處：他們穿窄袖短襖、長筒靴了，善於騎馬射箭。而中原人穿長袍大袖，打仗使用馬拉戰車，顯然不如他們靈活。趙武靈王就下令全國上下改穿胡服，訓練騎兵，學習騎射。

　　但是，這個命令遇到了很多思想守舊的貴族的抵制，他們認為服飾習慣是老祖宗留下來的，不能隨便改。趙武靈王費了很大力氣，才說服了這些貴族。很快，趙武靈王就訓練出一支強大的騎兵。趙國的實力一下子躍居戰國七雄的前列。

集腋成裘

　　狐狸腋下的毛皮很柔軟，適合用來做衣服，但只有很小的一塊。不過，把很多塊毛皮縫在一起，就可以做成一件上好的皮襖。比喻聚少成多，積小成大。

從南朝到北朝

魏晉南北朝朝代更替示意圖

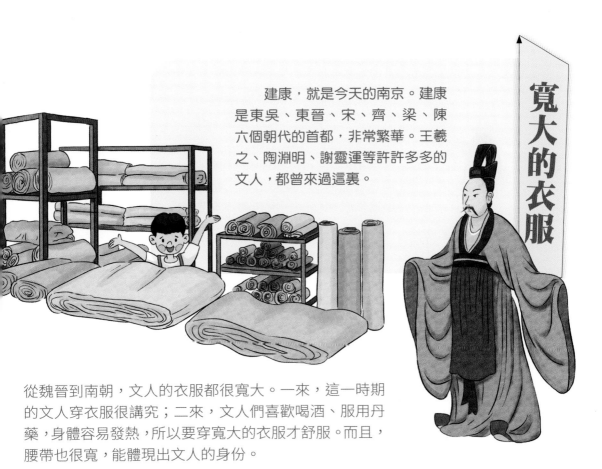

建康，就是今天的南京。建康是東吳、東晉、宋、齊、梁、陳六個朝代的首都，非常繁華。王羲之、陶淵明、謝靈運等許許多多的文人，都曾來過這裏。

寬大的衣服

從魏晉到南朝，文人的衣服都很寬大。一來，這一時期的文人穿衣服很講究；二來，文人們喜歡喝酒、服用丹藥，身體容易發熱，所以要穿寬大的衣服才舒服。而且，腰帶也很寬，能體現出文人的身份。

在建康開裁縫舖，最暢銷的一定是文人服飾。

39

南朝的文人講究瀟灑飄逸，所以不喜歡戴冠，反而喜歡戴巾。在文人頭上，巾就不僅僅是一塊布了，可以做出各種造型來。有幅巾、綸（guān）巾、菱角巾等。幅巾就是連額頭包住的一塊布。本來是老百姓戴的，後來在文人圈子裏也流行起來了。

頭巾

角巾　幅巾　綸巾　菱角巾

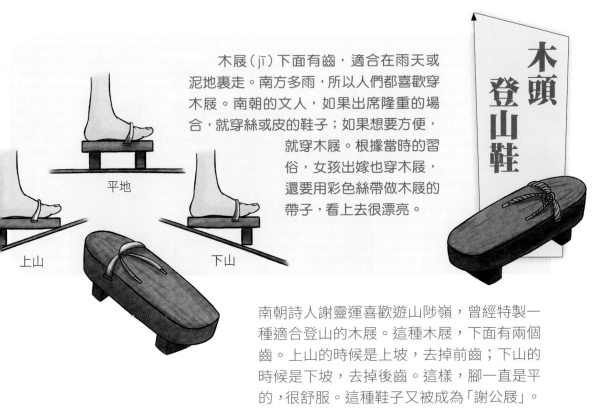

木屐（jī）下面有齒，適合在雨天或泥地裏走。南方多雨，所以人們都喜歡穿木屐。南朝的文人，如果出席隆重的場合，就穿絲或皮的鞋子；如果想要方便，就穿木屐。根據當時的習俗，女孩出嫁也穿木屐，還要用彩色絲帶做木屐的帶子，看上去很漂亮。

平地

上山　　　　　　　下山

木頭登山鞋

南朝詩人謝靈運喜歡遊山陟嶺，曾經特製一種適合登山的木屐。這種木屐，下面有兩個齒。上山的時候是上坡，去掉前齒；下山的時候是下坡，去掉後齒。這樣，腳一直是平的，很舒服。這種鞋子又被成為「謝公屐」。

我是詩人謝靈運，最喜歡遊山玩水，今天要做一雙登山鞋。

鋪縫裁記韓

不如我們來推出一個文人套裝吧，裏面可以加入一些文人常用的物品。

好啊，但裏面需要有些甚麼呢？

文人四件套

笏（hù），外形是一塊彎曲的板子。官員上朝的時候，在手裏拿着。有甚麼要記錄的東西，就可以直接寫在上面。

夾囊，是掛在左肩頭的口袋，可以放文件。夾囊也是衣服上最早的口袋。

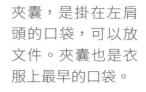

簪筆，是一種可以插在頭上的筆。筆的尾端削得尖尖的，往頭髮裏輕輕一插就進去，可以當簪子一樣用。

麈（zhǔ）尾，是一根帶毛的像小扇子一樣的東西。魏晉南北朝的文人特別喜歡高談闊論，聊天的時候，手裏一定要拿着這個東西，顯得清雅高貴。

羽扇綸巾

三國時期，有一次魏國和蜀國打仗，蜀國丞相諸葛亮頭戴葛巾，手拿白羽扇，坐在一輛小車上指揮全軍進退。魏國統帥司馬懿不得不稱讚：「真是名士！」後人也有人管這種頭巾叫「綸巾」。「羽扇綸巾」就是當時名士風度的象徵。東吳名將周瑜，文武雙全，風度翩翩，也有人用「羽扇綸巾」形容他。

劉伶

劉伶是魏晉時期的名士，他喜歡喝酒，性格灑脫，經常把衣服一脫，光着身子坐在屋裏。有一天，有幾位客人來訪，見劉伶這副模樣，就笑話他。劉伶說：「我拿天地當屋子，拿這屋子當褲子。你們為甚麼跑到我褲子裏來呢？」

謝安折屐齒

謝安是東晉的名臣。當時東晉在南方，和東晉對立的是在北方的前秦。前秦皇帝苻堅想滅掉東晉，就發兵南下，號稱百萬大軍，東晉人十分恐懼。當時謝安主持朝政，他派姪子謝玄等人率軍迎戰。兩軍在淝（féi）水決戰，東晉以少勝多，大敗秦軍。當勝利的戰報傳來時，謝安正在和客人下棋。他拆信看後，將信放在一旁，一句話也不說，繼續下棋。客人知道那是戰報，很着急，三番五次地問：「前線到底甚麼情況了？」謝安慢條斯理地回答說：「嗨，孩子們把敵人打敗了。」客人高興地跳了起來。等這局棋下完，客人告辭回去。謝安送客回來，再也忍不住心中的狂喜，跌跌撞撞地跑回來，沒想到一腳踢在門檻上，木屐的齒一下子就被撞斷了。

筲為甚麼是彎曲的，而且拿在手裏的時候要把凸起朝外？

深夜的「無頭」少女

我叫小碧……明天我爺爺擺壽宴，全家都要盛裝參加。我無頭，所以需要一個假頭，或租或借都可以。

古時也有假髮，假髮髻做工精緻，很貴重，一般的家庭買不起。所以窮人家沒有這種東西，就叫「無頭」。如果找人借，就叫「借頭」。

古時的假髮髻是用輕薄的紗做成殼子，外面用真人的頭髮盤好造型。用的時候往頭上一套就行啦。但是這種東西常年戴在頭上，實在不方便，所以都是逢年過節或盛大活動的時候才用。

除了真髮製成的假髮髻之外，還有一種假髮髻叫「巾幗」，不用真人頭髮，用黑色的絲織品代替頭髮，裏面襯上鐵絲編的框架。用的時候也是往頭上一套就行。

哇，甚麼叫無頭，甚麼叫假頭啊！

45

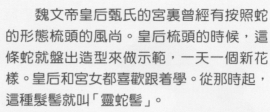

魏文帝皇后甄氏的宮裏曾經有按照蛇的形態梳頭的風尚。皇后梳頭的時候，這條蛇就盤出造型來做示範，一天一個新花樣。皇后和宮女都喜歡跟着學。從那時起，這種髮髻就叫「靈蛇髻」。

假髮已經準備好了，那梳一個怎樣的髮式好呢？

不如問問蛇美髮師吧！

靈蛇髻（單環和雙環造型）

激將法

三國時期，諸葛亮帶領蜀軍攻打魏國，和魏國將領司馬懿在渭河邊對峙。蜀軍來此是山高路遠，軍糧的運輸非常不便，所以諸葛亮希望速戰速決，於是幾次三番地挑釁魏軍。但司馬懿根本不理睬。諸葛亮就給司馬懿送去一套巾幗和一套女人的衣服，意思是說如果不敢出戰，就不是男子漢。司馬懿的部將非常生氣，紛紛請求出戰。司馬懿說：「既然你們想打，我就上一道奏章，跟皇帝請示下可不可以。」不久，使者帶着旨意來了──禁止出戰。諸葛亮知道後歎息說：「司馬懿根本不想打仗，上奏章請示，是做給眾將看的。不然，大將統兵在外，打不打一句話的事。哪有千里迢迢跑去皇帝那裏請示的道理？」

今天還有沒有假髮在出售？今天的假髮是用甚麼做的？

油光可鑑

張麗華是南北朝時著名的美女，是南朝陳的末代皇帝陳後主的妻子。她的頭髮有七尺長，鋪開之後，油光發亮，能像鏡子一樣照出別人的身影，所以人們都說張麗華的頭髮「光可鑑人」。鑑，是當鏡子照的意思。後來形容一個人的頭髮發亮，就說「油光可鑑」。

東晉王氏家族墓出土的「鑽戒」

東晉戴巾幗的陶女俑

北朝
開了分店

哇，這就是北朝啊，草原好遼闊啊！在這裏開裁縫舖該賣些甚麼好呢？

韓記裁縫舖

北朝流行的服裝叫做「袴褶（kù zhě）」。袴褶是從北朝發源的，逐漸在南北朝百姓中流行開來。袴褶本來是北方遊牧民族喜歡穿的，北方遊牧民族在古代統稱「胡」，所以這種式樣的衣服，原本叫「胡服」。後來南方和北方的交流多了，南方人也慢慢穿起來了。不分貴賤、男女，大家都喜歡穿這種短上衣、喇叭褲。

袴褶的具體形制是上衣短，下面是喇叭褲，有的還在膝蓋和腳腕上繫帶子。

北方遊牧民族經常騎馬、打仗，短衣窄袖，方便射箭；騎馬時要穿褲子，不能穿漢地的那種寬袍大袖。而且袴褶的褲腿是敞口的，平時可穿着參加正式的場合。要是遇到緊急軍情，把褲腿一紮，馬上可以上戰場。

左衽

右衽

衣襟朝哪邊，在古人看來是很重要的事。因為古代中原地區的文化比較發達，而中原人的衣襟向右掩，所以當時人們認為「右衽（rèn，衣領襟）」象徵着文明、先進；而「左衽」就象徵着野蠻、落後，常用「披髮左衽」來形容原始野蠻社會的狀況。

北朝人原來大多過着遊牧生活。他們穿衣服，衣襟經常是向左掩的，從正面看衣領是「ɣ」形，這叫「左衽」。相反，中原的漢人穿衣服，衣襟經常是向右掩的，從正面看，衣領是 y 形，叫「右衽」。

咦？北朝人的衣服和孟小元的衣服好像有哪裏不一樣啊？

沒錯，我們衣襟的方向不一樣。

南朝人認為自己的長袍大袖、束髮戴冠才是文明正統。所以「衣冠」這個詞，也指文明禮教。而北朝人在接受漢文化之前，男人都是不束髮、不戴冠的，而是把頭髮剃去一些，剩下的編成一根辮子。因為雙方都覺得自己才是正統，這才會吵起來。

在古代，衣服裝束的形制可是大問題。其實在魏晉南北朝時期，南方和北方文化互相交流融合，互相學習，都對中華文明有巨大的貢獻。中華民族不分東西南北，是一個豐富多彩的大家庭。如果說有正統，那就是我們開放、交流、互相學習的優良傳統。

他們又在吵甚麼呢？

51

北魏孝文帝

　　北魏孝文帝拓跋宏是北魏王朝第七位皇帝。北魏是鮮卑人建立的政權。孝文帝認為鮮卑人原來的文化比較落後，就把都城從平城（今山西大同）搬遷到洛陽（在今河南省），並發佈了許多改革措施。比如，規定不再穿鮮卑服，改穿漢服；不說鮮卑語，改說漢語；鼓勵鮮卑人和漢人通婚；還把原來的鮮卑姓改成漢姓。北魏皇族原來姓「拓跋」，改為姓「元」。拓跋宏就改名「元宏」。這些舉動，促進了北魏經濟、文化、政治等方面的發展，促進了文明進步和民族融合。

河南鄧州市南北朝磚刻人物

衣冠南渡

　　西晉末年，北方的匈奴、鮮卑等民族紛紛向中原地區遷移。匈奴人攻陷洛陽、長安，西晉滅亡。晉元帝司馬睿渡過長江，在建康建立了東晉。中原士族受到北方民族的壓迫，也紛紛南逃，歷史上稱為「衣冠南渡」。後來唐代安史之亂時，中原人避亂南逃，與金人滅掉北宋，中原人避金兵南逃，都被稱為「衣冠南渡」。

北朝左衽武士俑

唐宋的繁華

圓領衫和短衫

唐朝男子的衣服，和北朝的衣服很像。官員上半身都穿小圓領的長袍，窄袖，腰繫皮帶。下半身穿褲子，繫紅腰帶，腳穿皮靴。從皇帝到官員，基本都是這個式樣，不一樣的只是材料、顏色、皮帶頭的裝飾。漢朝的那種深衣，已經不太看得見了。

普通老百姓只能穿短衫和褲子，不許用鮮明的顏色。差役、僕人戴尖帽子，做事、走路時，還需要把衣角撩起來，紮在腰裏，腳上只能穿草鞋或麻鞋。

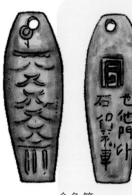

金魚符

在中國古代，衣服的形制、顏色、布料等，處處代表了等級制度。不同的級別穿不同顏色的衣服，就叫「服色」。唐宋之前，帝王穿甚麼顏色的衣服，沒有明確說法，有的是當朝的特殊規定，也有的是隨着季節換來換去。比如秦朝皇帝喜歡黑色，漢朝皇帝換過黑、黃、紅好幾種顏色。黃袍成為皇帝專用的衣服，是從隋唐之後漸漸確定下來的。

除了顏色，布料和配飾也有嚴格的等級限制。就連腰帶的釦子，老百姓都不能用金銀的，只能用銅釦和鐵釦。而三品以上的官員，還要佩戴金魚袋。那是一種金色魚形掛件，叫「金魚符」，表明自己的高官身份。裝這種魚符的袋子，就叫「金魚袋」。另外，五品以上，佩戴「銀魚符」和「銀魚袋」。

黃色衣服可不能隨便穿啊！

金、銀魚袋

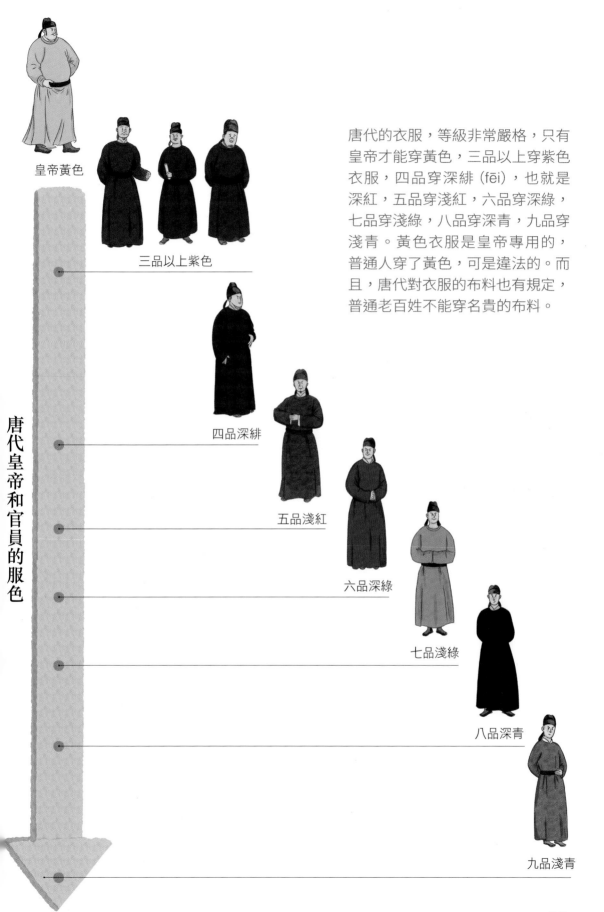

唐代的衣服，等級非常嚴格，只有皇帝才能穿黃色，三品以上穿紫色衣服，四品穿深緋 (fēi)，也就是深紅，五品穿淺紅，六品穿深綠，七品穿淺綠，八品穿深青，九品穿淺青。黃色衣服是皇帝專用的，普通人穿了黃色，可是違法的。而且，唐代對衣服的布料也有規定，普通老百姓不能穿名貴的布料。

唐代皇帝和官員的服色

皇帝黃色

三品以上紫色

四品深緋

五品淺紅

六品深綠

七品淺綠

八品深青

九品淺青

59

唐代的頭巾
無論貴賤、男女
都可以戴，非常
受百姓歡迎。

一塊
包頭布

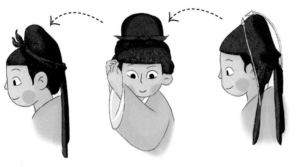

唐代的頭巾，最常見的是襆（fú）頭。襆頭是從過去的幅巾而來的，是一塊四方形的布，有四個角，四個角各有一條帶子。先把布裹在頭上，然後兩根繫在腦後垂下來，另外兩根反過來繫在頭上。但也有的人覺得每日都要重新打理非常麻煩，所以有些襆頭是直接做一個骨架，把布蒙在上面，就像一個帽子。早晨起來往頭上一戴，就可以出門啦。

進香人

差役

馬伕

侍從

西域人

樂人

60

唐朝人的腰帶很有講究。因為他們受遊牧民族的影響很大，而遊牧民族習慣在馬背上生活，所以常用的東西都喜歡掛在腰帶上，唐朝人也延續了這個習慣。這種腰帶就叫「蹀躞（dié xiè）帶」，腰帶上垂下來的一根根小皮條就叫「蹀躞」。

蹀躞

唐人的蹀躞帶上會掛各種各樣的物品，其中最重要的當然是隨身的弓、箭袋、佩劍。另外還有割肉吃的小刀子，盛磨刀石、打火石的小口袋，擦臉的毛巾，算賬用的小木棍，還有各種小裝飾品，琳琅滿目在腰裏掛一圈。幾乎只要是重量不大的日常用品，都可以掛在腰上。這種設計直至今日仍在使用，例如常在高處工作的電工，也會在腰上纏一圈工具腰包。

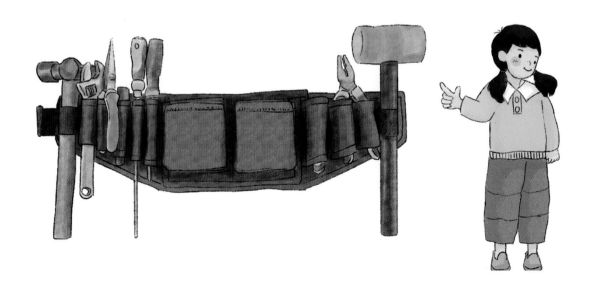

成語典故

司馬青衫

形容非常悲傷。這個典故出自唐代大詩人白居易的《琵琶行》。當時白居易被降職為江州司馬，一個秋天的夜晚，他送客到江邊。江面上傳來悅耳的琵琶聲，白居易就把琵琶女叫來詢問，得知她從小在長安跟隨名師學藝，因年老色衰而不得已嫁給一個商人為妻。白居易聯想到自己的身世，十分傷心，就寫了一首長詩《琵琶行》。他在詩裏寫道：「座中泣下誰最多，江州司馬青衫濕。」意思是眼淚把他穿的青衣都濕透了。按照當時的等級制度，江州司馬只能穿品級最低的青色衣服。

唐三彩戴襆頭陶俑

著名故事

骰子賜緋

骰子是一種遊戲或賭博的用具，有六個面，分別是一點、二點、三點……直到六點。唐玄宗李隆基和楊貴妃喜歡玩擲骰子遊戲。有一次，唐玄宗只有兩個骰子同時出現四點，才能贏楊貴妃。這時骰子正轉個不停，唐玄宗就不停地喊：「四！四！」結果骰子停下來後，真的是兩個四點朝上。唐玄宗非常高興，立即下令給骰子的四點封官，賜四品緋色官服，叫「賜緋」。但是骰子不是人，怎麼穿官服呢？唐玄宗就讓人把四點塗成紅色，象徵着穿上紅色官服了。從此民間仿效，不管骰子上別的面塗甚麼顏色，四點一定塗紅色。

你身邊的人有把小物品掛在腰上的愛好嗎？了解一下他們的職業和生活習慣。

貴妃出城

唐代女孩子喜歡穿「襦（rú）裙」。襦是短上衣，下面穿一條長長的裙子。裙子繫得很高，很多都到了胸部以下。這種裙子的材料常為輕軟的紗羅，所以又叫「羅裙」。最長的裙子，拖在地上的部分還有半尺多。

荷葉羅裙

咦，荷塘裏有人在唱歌，她們穿的好漂亮啊，那是甚麼衣服呢？

江南可採蓮

蓮葉何田田

唐代經濟發達，因此，服飾潮流也不斷變化。而貴夫人們的打扮可謂是大唐最奢華的，引領着全國的時尚。唐朝的女孩特別喜歡趕新潮，一般皇宮裏時興甚麼樣式的衣服，民間就會模仿。所以年年都能看見各種新款服裝。

唐朝對美的定義也比較特別。當時，女孩長得胖可不一定是壞事。唐人認為女子長得圓潤才是美的。不過，這種胖可不是肥胖得走不動路，全身贅肉，而是健康豐滿。這是因為唐朝國力強盛，心態開放，整個社會都很積極向上。所以大家喜歡的是體格壯實的男人和健康豐滿的女人。

哪裏飄來的一股香味？

一定是貴妃和她的幾個姐妹也要出城遊玩了，這香味是這些貴夫人的衣服上散發出來的。

除了服飾之外，唐代受到外邦影響，各類香料也非常流行，貴夫人也會在身上使用名貴香料，這些香料往往價值千金。

而這些貴夫人出遊時，也時常因興之所至，將身上的珍貴首飾拋向人羣作為打賞。凡此種種無不體現出大唐貴族繁華而奢靡的生活。

鴛鴦眉

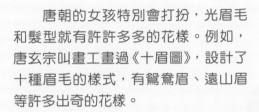

唐朝的女孩特別會打扮，光眉毛和髮型就有許許多多的花樣。例如，唐玄宗叫畫工畫過《十眉圖》，設計了十種眉毛的樣式，有鴛鴦眉、遠山眉等許多出奇的花樣。

拂雲眉

遠山眉　　　　　垂珠眉　　　　　涵煙眉　　　　　分梢眉

月棱眉　　　　　倒暈眉　　　　　一字眉　　　　　撫形眉

唐朝的妝容多變，時常有一些新穎的畫法。比如說有一種眉毛的樣式叫「愁眉」，看上去好像在發愁甚麼事情。搭配愁眉，還會把臉畫成要哭出來的樣子，叫「啼妝」。還有一種叫做「墨妝黃眉」的奇特妝容。一般的女孩，眉毛都描得黑黑的，叫「黛眉」（黛，一種黑色顏料），臉蛋塗得紅撲撲的，叫「紅妝」。可偏有的女孩喜歡與眾不同，用墨塗臉蛋，把眉毛畫成黃色的，叫「墨妝黃眉」。

高髻

愁眉啼妝

唐朝的女孩還喜歡梳各種髮髻。比如盛唐時流行「高髻」，就是把頭髮梳得高高的，有的甚至有一尺多高。有的把頭髮梳成螺旋形，好像佛像的頭髮，就叫「螺髻」。把頭髮梳成鳳凰的形狀，或者插上一隻金鳳凰，就叫「鳳髻」。在頭上梳兩個圈，就叫「望仙髻」。有的女孩喜歡在頭髮上插牡丹花，就叫「花髻」。詩人喜歡用女孩的髮髻形容山峯。比如尖尖的小山，好像女孩頭上的簪子。圓頂的小山，好像女孩的螺髻。所以「玉簪螺髻」就被用來比喻各種形狀的小山。

螺髻

望仙髻

鳳髻

花髻

唐代的女孩喜歡披一種紗巾，叫冪籬（mì lí）。這種紗巾和帽子連在一起，戴在頭上後，紗巾四面垂下來，能把身子全都罩在裏面。這樣，風沙就吹不着了，還能防止外人偷看。而相對短一些的，就叫「帷（wéi）帽」，只是把臉蓋起來，四周有一尺左右的網子，垂在帽檐下面。

哎呀，起風了，風沙好大呀！

是的，這個時候就需要面紗了。

白髮宮女

唐玄宗時，一批民間少女被選進宮當宮女，後來由於遭到楊貴妃的嫉妒及其他原因，這些女孩被送到上陽宮幽閉起來，一關就是幾十年。她們進宮的時候才十六七歲，漸漸地都成了六十多歲的白髮老人了。幾十年過去，外面女孩的服飾妝容早就變了不知多少次了，但她們穿的還是唐玄宗天寶年間流行的小頭鞋子、窄窄的衣裳，臉上畫的妝容還是入宮時流行的「時世妝」（時髦的妝容）。但這種打扮早就過時了，如果外邊的人們看見了，一定要笑話她們。她們的青春和生命，就這樣永遠被埋葬在了寂寞的深宮裏。白居易有一首詩《上陽白髮人》，講的就是這些宮女的遭遇。

小袖、披帛、長裙的婦女陶俑

唐代畫家張萱《搗練圖》中的唐代女子

環肥燕瘦

唐代的楊玉環、漢代的趙飛燕，都是公認的古代美女。楊玉環體態豐滿，趙飛燕體態清瘦，但她們各有各自的美麗。這個成語出自宋代蘇軾的詩：「短長肥瘦各有態，玉環飛燕誰敢憎。」

《韓熙載夜宴圖》中的樂工

71

一個書生的奮鬥史

白丁，就是沒有功名的平民。在唐代，服飾是人們社會身份地位的標誌。官員穿紫色、紅色、綠色等彩色衣服，普通老百姓穿白色衣服。讀書人雖然都希望考取功名，日後做官，但獲得功名之前，衣服也是白色的。古代管到了服勞役年齡的人叫「丁」。所以沒有官職的老百姓就叫白丁，也叫「白衣」或「白身」。

剛才貴夫人的馬隊經過，我躲避不及，被開路的侍衛打了。衣服都扯破了。可憐我是個「白丁」，沒權沒勢，只能受人欺負。

外面好大的雨，你快進來吃口熱飯，我們再送你一件新衣服吧。

箬葉

斗笠

蓑衣

現代雨衣是用塑料做的，古代沒有塑料，就穿「蓑」，又叫「蓑衣」。頭上戴「笠」，又叫「斗笠」。蓑衣是用稻草、棕葉或蒲草編成的。蓑衣分上衣和下裙，穿上之後就像一隻大刺蝟，而且上衣比下裙大。水只能一層層往下流，不會倒着流到縫隙裏。斗笠是用一種叫「箬（ruò）」的竹子編的，這種竹子的葉子又大又寬，所以又叫「箬笠」。編的時候也是一層層疊在一起，就像屋頂上的瓦一樣互相交疊，起到防水的效果。

正好我們新做了幾套防水的蓑笠，送你一套吧。

哎呀，雨越下越大了，我可怎麼回家呀！

「青箬笠，綠蓑衣」，是漁夫的標配，和青山綠水渾然一體。

74

釋褐（shì hè），「釋」就是放下、脫掉。釋褐，就是「脫去褐衣」的意思。在古代，粗毛布、粗麻布、粗葛布，都是窮人穿的，通稱為「褐」。窮人的衣服都比較短，所以又叫「短褐」。說一個人「衣褐」，就是說這人穿着褐衣，是個平民百姓。反過來，「釋褐」，就是脫去普通人的衣服，要當官啦。

咦？好久不見。

好久不見，我中了進士，已經已經釋褐啦！感謝你們之前的幫助，我想再訂做幾件衣服。

除了褐衣之外，還有牛衣。牛衣是用亂麻亂草編的被子，蓋在牛身上，冬天給牛擋風寒。有時窮人沒錢買被子，就會睡在牛衣裏，勉強抵禦風寒。

令狐滈

令狐滈（hào）是唐代權臣令狐綯（táo）的兒子。令狐綯權力很大，令狐滈雖然沒有名位，卻仗着父親的權勢胡作非為，甚至徇私枉法，被人稱為「白衣宰相」。意思是說他雖然沒有官職，卻有宰相一樣的權力。後人也用「白衣宰相」這個詞稱呼權貴家屬中倚仗勢力專權的人。

煙蓑雨笠

漁夫經常穿着蓑笠在如煙的細雨中勞作，所以「煙蓑雨笠」就指漁夫或漁夫的打扮，也寫成「雨蓑煙笠」。

乞舊衣

唐代有一個習俗，每當科舉考試成績公佈，沒考上的人喜歡向考中的進士要他的舊衣服穿。因為考中進士後往往就會當官，平民百姓的舊衣服就用不上了。落第書生要來穿上，一來圖個吉利，二來也省了置辦衣服的費用。這些金榜題名的進士正在高興頭上，也很大方，一般都樂意贈送。所以唐代詩人張籍有「留褐與諸生」和「後來爭取舊衣裳」的詩句。

觀察一下你的周圍，有沒有和蓑笠同樣原理的防水措施或物品？

民間蓑笠，一千多年來沒有太大變化

五代《文苑圖》中描繪的唐代文人形象

帶翅膀的帽子

據說一開始襆頭的「翅膀」也沒有那麼長。後來越做越長，是為了讓大臣們上朝的時候保持端莊，不許他們交頭接耳，竊竊私語。其中最長的，應該要屬五代十國時期，割據湖南的楚王馬希範。他帽子上的硬腳有一丈多長！這是因為，他認為自己是真龍天子，頭上要戴「龍角」。

宋人戴的實際上還是唐朝的襆頭，只不過原來的襆頭是一塊方布，四角是軟的帶子，繫好後可以垂下來。現在他們為了更好看，就用鐵絲、竹條編成骨架，蒙上紗布。兩根帶子裏也插上鐵絲或竹條的骨架，就像翅膀一樣翹起來了，這叫「硬腳襆頭」。

終於來到宋朝了！這裏的服飾會有甚麼不同呢？

唉，這些人的帽子上為甚麼多了有一對翅膀啊？

東坡巾，是一種用黑紗做成的高高的方桶。「東坡先生」就是蘇軾，因為他號東坡居士，所以人們這麼稱呼他。他所戴的帽子很高，又被稱為叫「峨（é）冠」。「峨」有高的意思。古代文人戴着峨冠，也表示一種飄逸高潔的態度。

蘇軾有一首詞，裏面有一句是「竹杖芒鞋輕勝馬」，意思是說拿着竹杖，穿着草鞋，比騎馬還要輕快。芒鞋是草鞋的一種，是用一種叫「芒」的草編成的。之前有說過，古代的服飾等級森嚴，但在這裏他穿着草鞋，並不是因為他是普通百姓，而是一種名士的灑脫風度。

79

宋代的服飾和唐代有很大差別。宋代的女孩喜歡清秀苗條，唐朝的那種豐滿圓潤不時興了。宋代時興的是瘦長型的衣服，而且配色要大膽。宋代年輕女孩的衣服很鮮豔，所以「紅巾翠袖」，就代指美麗的女孩子。還可以在衣服上加上金線，叫「銷金」，陽光一照，閃閃發光。

黃袍加身

趙匡胤是五代後周的大將，掌握兵權。後周的皇帝周恭帝即位時年僅七歲，文武大臣都不服氣。有一次，趙匡胤帶兵出征，走到京城附近的陳橋驛時，命令將士就地紮營休息。兵士們倒頭就呼呼睡着了，一些將領卻聚集在一起，悄悄商量：「皇上年紀小，將來沒人知道我們的功勞，不如擁立趙匡胤當皇帝吧。」於是，大家闖到趙匡胤的住處，把一件早已準備好的黃袍七手八腳地披在他身上。接着，大家又推又拉，把趙匡胤扶上馬，請他一起回京城。周恭帝只得退位。趙匡胤就改國號為「宋」，成了宋朝的開國皇帝。

七品芝麻官

金朝的官服制度發生了很大的改變，會在官服上裝飾花紋。衣服上繡的花越大，等級越高。品級最低的官員，會用一種沒有花紋的粗羅絹，叫「芝麻羅」。所以，後代管職位特別低的官叫「芝麻官」。

錦帽貂裘

戴着彩錦製成的帽子，穿着貂皮大衣。這通常是武士的打扮，看上去很英武，也成為打獵時的裝束。蘇軾在《江城子·密州出獵》中說：「錦帽貂裘，千騎捲平岡。」意思是說穿戴着錦帽貂裘的騎手們掠過了平坦的山崗。

慢性子的馮道

五代時的名臣馮道是個慢性子。有一天，他穿了一雙新靴子來上班。一個叫和凝的大臣看到後，就問他：「你的新靴子多少錢買的啊？」馮道抬起右腳說：「九百文。」和凝一聽就火了，立即回頭罵自己的僕人：「上次你給我買了一雙一樣的，怎麼告訴我是一千八百文？」只見馮道緩緩放下右腳，又慢慢舉起左腳說：「別急，這隻也是九百文嘛。」

跨越
元明清

短暫的元朝

南宋末年，北方草原上的蒙古人開始崛起，先後消滅金和南宋，建立了元朝。

元朝的首都是大都，也就是今天的北京，是一座聞名世界的大都市。

那我們就在這裏開店吧！

元朝是蒙古人建立的王朝，蒙古人的服飾保持了自己民族的風格，漢人的打扮則和宋朝差不多。

男人的百褶裙

辮線袍

蒙古人喜歡穿一種衣服，叫「質孫」。上身又緊又窄，有的質孫腰部有許多褶子或由絲線捻成辮狀，也叫「辮線袍」。下身是一條敞開的裙子，也有不少褶子。 因為蒙古人長年生活在馬背上，這樣的衣服方便在馬背上活動。元朝皇帝會把這種衣服賜給大臣，甚至衛士。皇宮宴會的時候當禮服穿出來。從皇帝到下屬都是一樣的顏色、式樣，看上去十分整齊壯觀。

因為皮毛太貴，古時也有人往布袍子裏填蠶絲的絮，叫「縕（yùn）袍」，不過實在不暖和。棉花做的大棉袍又便宜又厚實，可比皮衣和縕袍實惠多了。但棉花是一種外國引進的植物，最初種植技術很落後，沒法大面積推廣。從宋代到元代，種棉技術和紡織技術漸漸發展起來了，普通百姓才有棉衣服穿。

冬天來了，我進了一些棉花來做衣服。

對啊，好像我們之前都沒賣過棉布的衣服，冬天的衣服都是皮毛的。

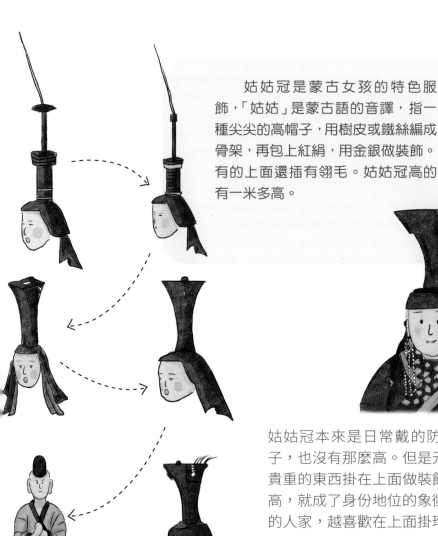

姑姑冠是蒙古女孩的特色服飾，「姑姑」是蒙古語的音譯，指一種尖尖的高帽子，用樹皮或鐵絲編成骨架，再包上紅絹，用金銀做裝飾。有的上面還插有翎毛。姑姑冠高的有一米多高。

姑姑冠的形制演變

姑姑冠本來是日常戴的防風、保暖的帽子，也沒有那麼高。但是元朝女孩喜歡把貴重的東西掛在上面做裝飾，所以越做越高，就成了身份地位的象徵了。越是有錢的人家，越喜歡在上面掛珍珠、瑪瑙、金銀。這個風俗一直保持到現在。

那是元朝蒙古女孩最有特色的帽子——姑姑冠。

新娘子的帽子好高呀！

快看，有一家蒙古女孩出嫁啦。

黃道婆

　　黃道婆是宋末元初著名的棉紡織家、技術改革家。她幼年時給人做童養媳，因為不堪虐待，流落到崖州（在今海南省）幾十年。在那裏，她向黎族婦女學習棉紡織技藝，並加以改進。後來黃道婆返回故鄉松江（在今上海市），教鄉人改進紡織工具，紡織各種花紋的棉織品，大大提高了產量。從此長江流域的棉紡織業和棉花種植業都迅速發展了起來。松江棉布更是號稱「衣被天下」，意思是全天下的人都需要松江棉布做的衣服。

內蒙古博物館藏姑姑冠

中國民族博物館藏元代雲肩織錦辮線袍

訶額侖養育鐵木真

　　蒙古英雄鐵木真九歲時，父親被人毒害，族人拋棄了鐵木真母子。鐵木真的母親訶額侖夫人非常賢良，她為了撫養孩子們，把姑姑冠緊緊地繫在頭上，又把衣服用腰帶紮好，在斡難河邊來回奔波，撿野梨、挖野草根和野韭菜餵養孩子，終於把鐵木真等養育成人。鐵木真和兄弟們也非常孝順，在河裏釣魚，奉養母親，一家人就這樣相依為命地過日子。鐵木真長大後，統一了蒙古部落，從此開始了一百多年蒙古人稱雄的歷史。

河北省隆化博物館藏元代白棉布袍

元代辮線襖及辮線細節

明太祖朱元璋把蒙古人趕出了中原，重新制定了一套服飾制度。不過，等級更加嚴格了。比如他規定：錦繡綾羅這樣的材料只有貴族、官員們才能穿，老百姓的衣料僅限於普通的綢、絹、素紗和布料。甚至他還嚴禁老百姓穿靴子。直到有一次，有官員說北方的冬天太冷，不穿靴子沒法過。朱元璋這才下令，只許穿牛皮的、沒有任何裝飾的靴子。

在官服上，明朝的要求也很嚴格。明朝官服的前胸或後背上，都要有一塊方形的布，叫「補子」。外形看起來像一塊補丁，但上面繡着花紋。明朝規定：官位不同，紋樣形式就不同。文官的補子圖案用飛禽，象徵文明。武將的補子圖案用猛獸，象徵威猛。所以明代的官服也叫「補服」。

麒麟

白澤

公、侯、駙馬、伯等貴族的補子：麒麟、白澤（一種傳說中通曉百科知識的神獸）。

文官一品仙鶴，二品錦雞，三品孔雀，四品雲雁，五品白鷴，六品鷺鷥，七品鸂鶒（xī chì，一種水鳥），八品黃鸝，九品鵪鶉。

一品仙鶴

二品錦雞

三品孔雀

四品雲雁

武官一品、二品獅子，三品虎、四品豹，五品熊羆（pí，又叫「人熊」），六品、七品彪（小老虎），八品犀牛，九品海馬。此外，還有一些特殊的、臨時的補子。如果官員的夫人受過朝廷的封號，也可以穿補服，圖案參照丈夫的品級。

一、二品獅子　　　　　　三品虎　　　　　　四品豹

五品熊羆　　　　六、七品彪　　　　八品犀牛　　　　九品海馬

六品鷺鷥　　　　七品鸂鶒　　　　八品黃鸝　　　　九品鵪鶉

據說有一個叫楊維楨的文人，見明太祖朱元璋時，頭戴一頂四方的帽子。朱元璋問他：「這帽子叫甚麼名字啊？」楊維楨說：「這叫『四方平定巾』。」朱元璋聽了很高興，因為「四方平定」正好象徵着統一天下，安定四方。於是朱元璋就下命令把這種帽子的式樣頒佈全國，成了讀書人常戴的一種頭巾。

另外，朱元璋還頒佈過一種帽子的樣式叫「六合一統帽」。東西南北上下，六個方向叫「六合」。「六合一統」的意思和「四方平定」一樣，也是天下統一的意思。

四方平定巾

四方平定巾，一種四方的帽子，非常受明代讀書人的喜愛。

六合一統帽，是六塊像橘子瓣一樣的布或皮子縫在一起的圓形帽子。老百姓嫌這名字太難唸了，一看這帽子跟半個西瓜皮似的，就乾脆叫「瓜皮帽」。這種帽子，今天還有人戴呢。

宋代文化繁盛，佛道羣體龐大，佛教徒被稱為「僧侶」，道教徒被稱為「道士」。其中，僧侶因為往往不留頭髮而易於從外貌辨認。這是因為，佛教認為頭髮象徵着世間的煩惱和傲慢，剃掉之後，就象徵着和這些壞習慣告別，一心一意地修行。而道士的辨別則需要依靠衣裝穿戴。

毗盧帽

五佛冠

一些德高望重的僧侶在重大法事的時候會戴一頂好像王冠的帽子。這個帽子裏面一層叫「毗 (pí) 盧帽」，外面一層好像王冠一樣的扁片，上面畫着五個佛像，叫「五佛冠」。

僧侶的衣服，叫「袈裟 (jiā shā)」。袈裟上的格子，其實是長長短短的布片。縫的時候縱橫交錯，好像田地。佛教認為田地是生長莊稼的，袈裟做成田地的形狀，象徵着智慧和德行可以從中生長出來。

道士髮髻上的冠，好像一個平放的月亮，叫「偃（yǎn）月冠」，因為是黃色的，所以又叫「黃冠」。黃冠也指道士。外面一圈黑色的帽圈，叫「混元巾」。道士的道袍一般是青色的，高級道士穿紫色。腳下是長筒白色布襪，象徵踏着白雲漫遊四方。

偃月冠

混元巾

佩戴示意

成語典故

頭巾氣

明代讀書人都戴一種名叫「四方平定巾」的方巾。而且當時的讀書人往往只知道讀書，不懂得實際事務。所以人們就用「頭巾氣」嘲笑他們，指讀書人有迂腐習氣。

博物館

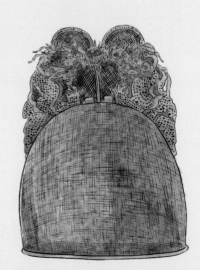
明定陵出土的明神宗金絲冠

清

兵荒馬亂的，我們把裁縫舖收起來吧。

明朝末年，住在東北的女真人崛起，建立了後金，後來改國號為「清」。1644 年，先是農民起義領袖李自成打進了北京，明朝滅亡。沒過多久，清軍就打進了山海關，把李自成趕走。從此開始了清王朝的統治。

女真人的習俗是把前面的頭髮剃掉，腦後留一部分編成辮子。清軍入關之後，為了鎮壓各地人民的反抗，就發佈了「剃髮令」，要求全國男子都要照他們的髮式剃頭編辮。同時，服裝也要改成他們的樣式。

一開始百姓當然是不聽的。因為幾千年來，漢地的習俗都是把頭髮留起來，束在頭頂。但是清軍剛剛入關，想削弱各地人民反抗的鬥志，鞏固統治。所以剃髮還是不剃髮，就成了一個非常嚴重的問題。當時清政府有規定：命令自發佈之日起，十天內必須剃掉頭髮，如果到期仍然不遵守，立即斬首，這叫「留頭不留髮，留髮不留頭」。

剃髮易服後

明朝服飾

清朝前期

清朝中期

清朝後期

當時江陰軍民在一個小官閻應元的率領下，抵抗了 80 多天，清軍死傷慘重。嘉定老百姓堅持抵抗了三個月，被清軍屠城三次，這叫「嘉定三屠」。今天我們穿甚麼衣服，是個人的興趣愛好。但在古代，穿戴甚麼衣冠，並不是一件隨意的事情，往往經歷了非常慘烈的鬥爭。

清朝官員的服飾非常繁瑣。先要穿上朝袍，皇帝用明黃色，其他百官用藍色。然後再套上補褂，就是繡着補子的一件外衣。補子的圖案在明朝代表了官員等級，清朝繼續沿用，沒甚麼變化。清朝人穿衣服，講究「袍褂相連」，缺一不可。然後，還要戴上一掛唸珠，這叫「朝珠」，再繫上鑲嵌金銀的朝帶。朝珠和朝帶也根據等級不同有區別。最後穿上一種厚底靴子。一套上朝的裝束就穿戴完了。

這整套衣服的價值不菲，一掛朝珠往往就價值幾千甚至上萬兩銀子。甚至有些低級官員根本置備不起，需要的時候就借別人的用。不過，好在那些小官一年也遇不到幾次需要這種全套打扮的場合，能糊弄就糊弄過去啦！

補褂

朝冠

朝袧

朝帶

朝袍

朝靴

男朝服示意圖

朝冠分冬夏兩款，頂上嵌一塊珍珠或寶石，也叫「頂子」。皇帝的朝冠嵌的是一顆大珍珠，王爺和文武一品官員的嵌紅寶石，二品嵌珊瑚，三品嵌藍寶石，四品嵌青金石，五品嵌水晶石，六品嵌硨磲（chē qú），七品嵌素金。

清朝官員在重大典禮上穿的衣服，叫「朝服」。一套朝服，包括朝冠、朝袍、補褂、朝珠、朝帶、朝靴六個部分。

我們常在描寫清朝的宮廷劇中看到女性頭上戴着一個板子，這就是清朝晚期的「大拉翅」。它是在早期的兩把頭的上面，加上一個鐵絲和黑布做的大板子。用的時候用簪子固定在頭上，不用的時候取下來。在這種巨大的大拉翅上，有足夠的地方戴花和金銀首飾。簡直就是一個首飾的展板。

知了頭

清朝早期，女孩是把兩縷頭髮垂在耳側，看起來好像兩隻知了，就叫「知了頭」。

大拉翅

兩把頭

清朝中期，把兩縷頭髮垂到腦後，又加上骨架，好像戴着一個「八」字，所以叫「兩把頭」。

曹雪芹

清代文學家曹雪芹，寫出了一部聞名世界的小說《紅樓夢》。這部小說寫的是一個貴族家庭賈家從興盛到衰落的故事，一般認為其中有不少素材源於曹雪芹的家族歷史和他自己的親身經歷，而這個家族就是清代江寧織造曹家。江寧織造的辦公地點在南京，是清代「江南三織造」之一（其餘兩個是蘇州織造和杭州織造），主要為清代皇室採辦綢緞、布匹、服裝，每年有大宗的貨物出入。曹家因此非常富有，又藉着江寧織造的地位結交當時的文化名流，這些都對幼年的曹雪芹產生了影響。所以《紅樓夢》裏奢華的貴族生活，才寫得那樣真實生動。

現代人的衣服和古人已經有很大區別，但仍然有人喜歡穿「漢服」，你喜歡嗎？

乾隆皇帝夏朝冠

石青四團雲龍紋袞服

正月不剃頭

中國很多地方，有「正月不剃頭」或「正月不理髮」的民俗，說假如正月剃了頭或理了髮，舅舅就會死去。所以有「正月剃頭——死舅」的說法。有人認為「死舅」諧音「思舊」，正月不剃頭，意思是每年都要思念舊國和舊衣冠。這是民間對清初剃髮令的反抗，這個習俗持續了四百多年。

故宮博物院
藏男朝靴

99

1

連連看：幾位皇帝在異界聚會，突然一陣大風，他們的帽子都吹走了。
你能幫他們找一下嗎？

| 趙匡胤 | 李世民 | 秦始皇 | 朱元璋 |

2

用塑料瓶蓋、橡皮泥和筷子做一個簡易紡錘，用棉花或羊毛紡一小段線。

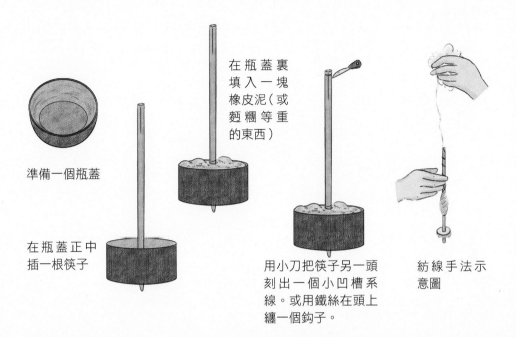

準備一個瓶蓋

在瓶蓋正中插一根筷子

在瓶蓋裏填入一塊橡皮泥（或麵糰等重的東西）

用小刀把筷子另一頭刻出一個小凹槽系線。或用鐵絲在頭上纏一個鉤子。

紡線手法示意圖

3

找兩張不同顏色的彩紙，分別剪成寬度相同的長紙條，用編織經緯線的方式把兩種顏色的紙條編織起來。

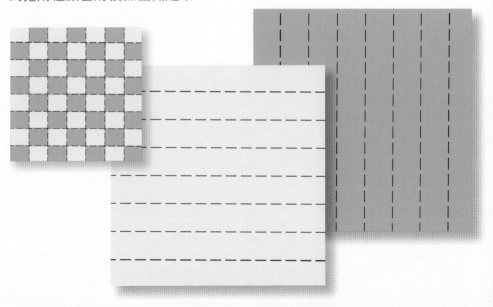

責任編輯	毛宇軒　林可淇
裝幀設計	趙穎珊
排　　版	周　榮
責任校對	趙會明
印　　務	龍寶祺

一看就懂的中華文化常識（服飾篇）

作　者	李天飛
出　版	商務印書館（香港）有限公司
	香港筲箕灣耀興道 3 號東滙廣場 8 樓
	http://www.commercialpress.com.hk
發　行	香港聯合書刊物流有限公司
	香港新界荃灣德士古道 220-248 號荃灣工業中心 16 樓
印　刷	嘉昱有限公司
	香港九龍新蒲崗大有街 26-28 號天虹大廈 7 字樓
版　次	2023 年 12 月第 1 版第 1 次印刷
	© 2023 商務印書館（香港）有限公司
	ISBN 978 962 07 46681 9
	Printed in Hong Kong